मंथन

साक्षी शर्मा

notionpress
.com

INDIA · SINGAPORE · MALAYSIA

ISBN 979-8-88975-970-6

पापा,

जिन्होंने मेरी उड़ान को पर दिए

भूमिका

मुझे याद नहीं है मैंने पहली बार कब क़लम उठायी, शब्दों को भावनाओं की स्याही में डुबोया और फिर किसी पन्ने पर उतार दिया! तब शायद ज़हन में यह न था कि चलते-चलते वो पन्ने एक किताब का आकार लेंगे और मुझे आप से मुख़ातिब करेंगे।

लेखकों की श्रेणी में मेरा नाम लेना भी गुस्ताख़ी होगी। मंथन सिर्फ़ मेरी एक कोशिश है। मुझे आशा रहेगी यह एक दोस्त की तरह आपके सुख-दुख में आपकी भागीदार भी बने और सारथी भी।

एक छोटी-सी गुस्ताख़ी मैंने की है,

कलम हाथ लिए,

जज़्बातों को पनाह दी है।

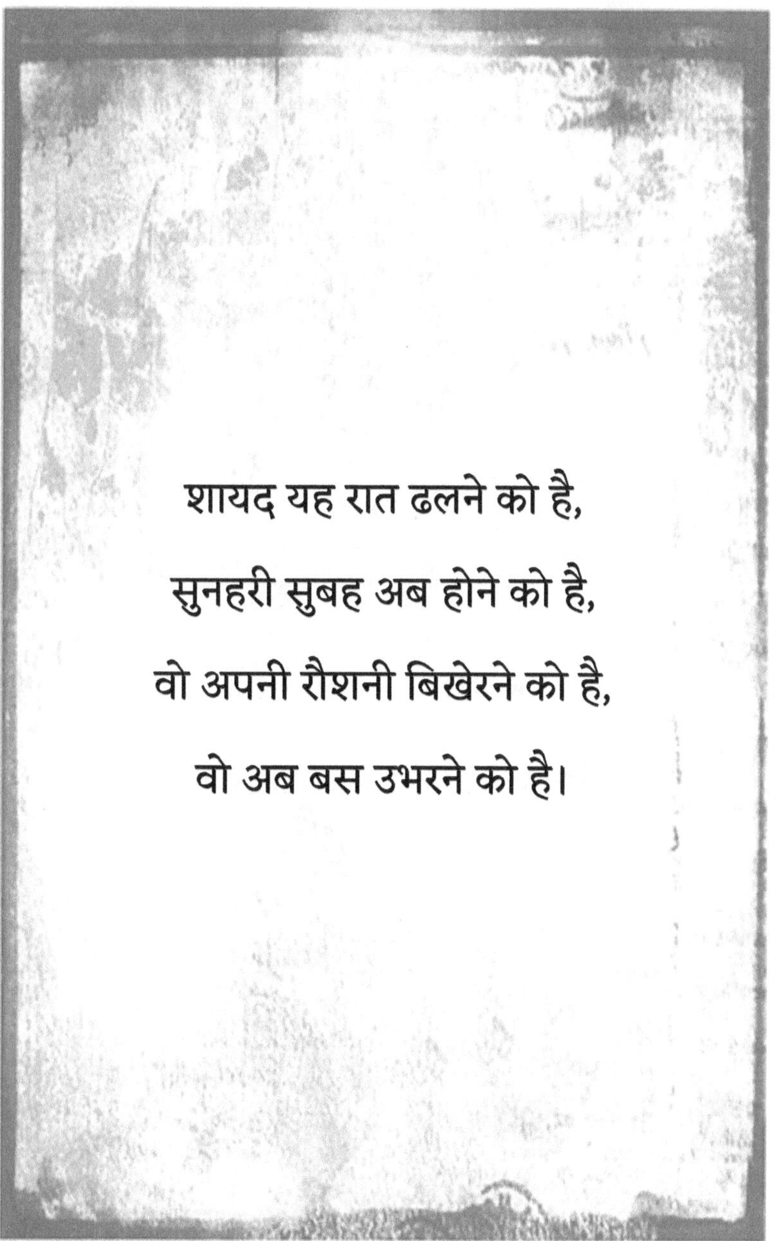

शायद यह रात ढलने को है,

सुनहरी सुबह अब होने को है,

वो अपनी रौशनी बिखेरने को है,

वो अब बस उभरने को है।

जहां शोर है, बातें नहीं,

लोग हैं, साथ नहीं,

आराम है, सुकून नहीं,

समझ लेना बहुत बड़ा शहर है वो।

सपनों की इस नगरी में

हम सपने, अपने खो देते हैं

वक़्त का हवाला देकर

यूं ही ज़िन्दगी गवा देते हैं।

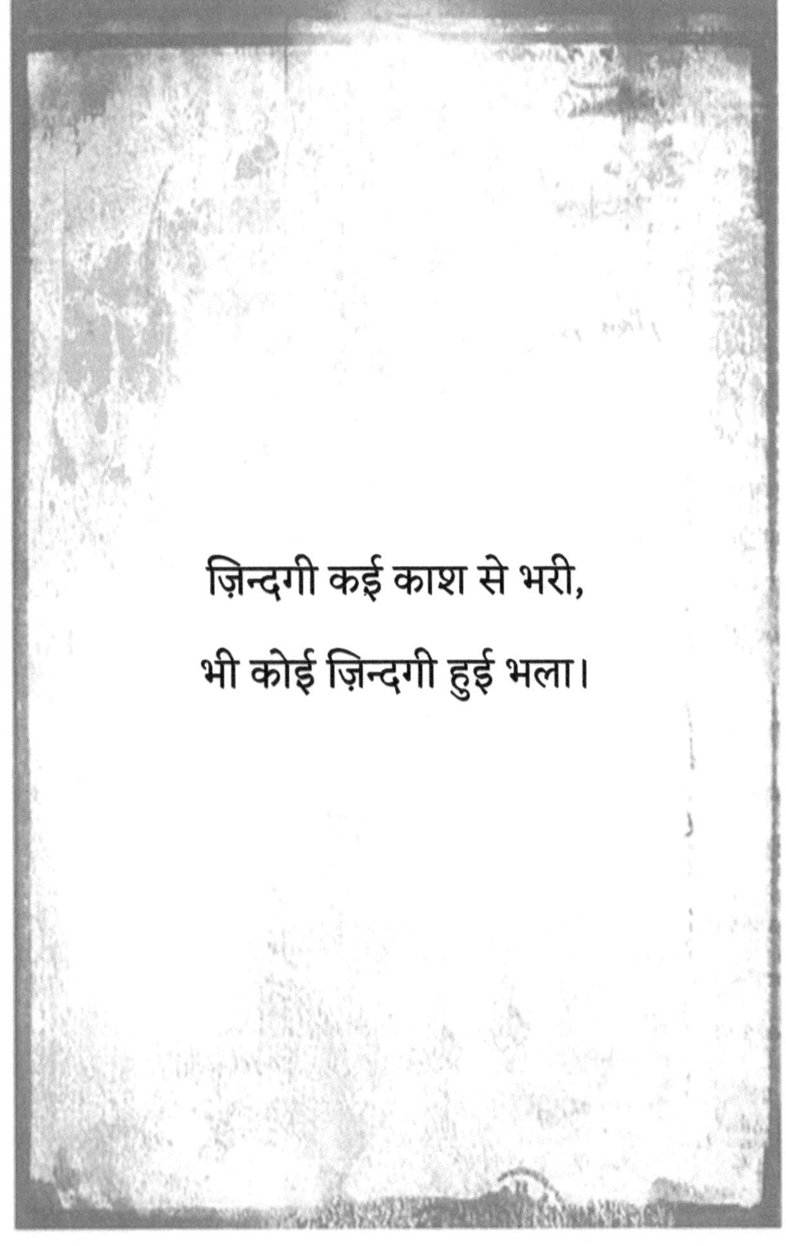

ज़िन्दगी कई काश से भरी,

भी कोई ज़िन्दगी हुई भला।

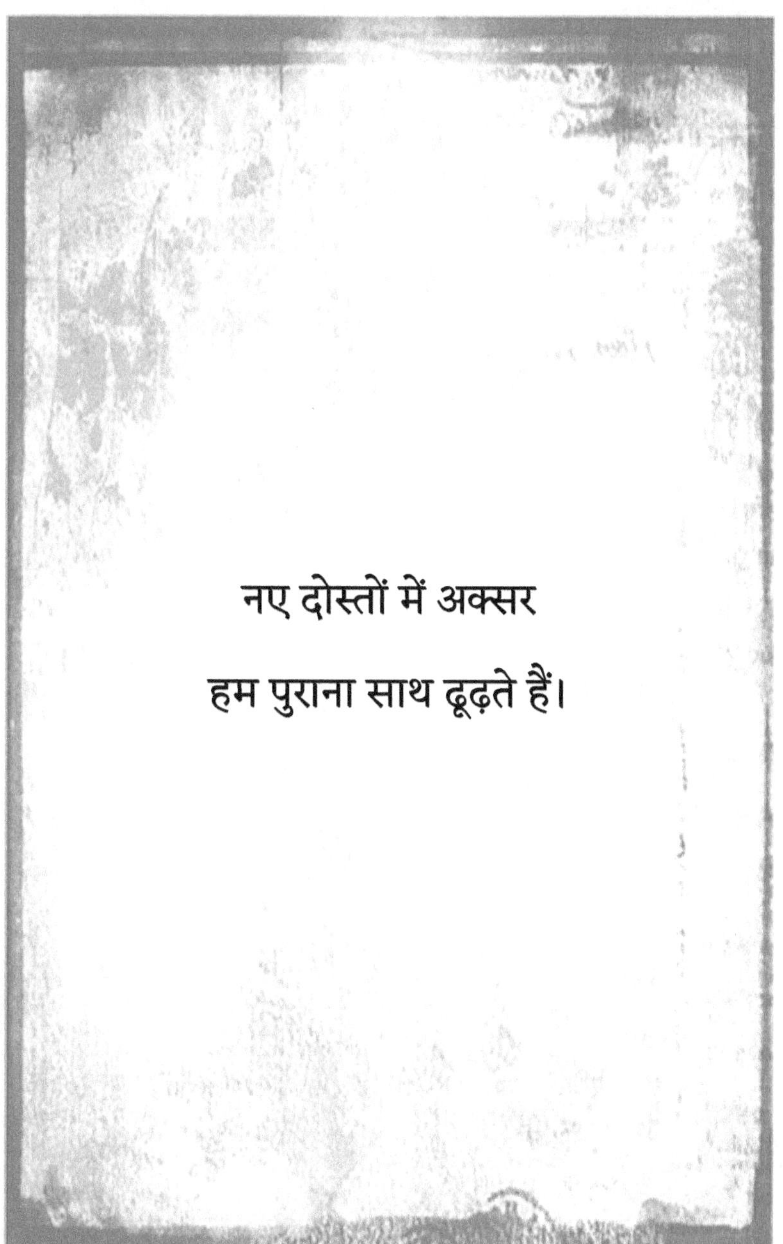
नए दोस्तों में अक्सर
हम पुराना साथ ढूढ़ते हैं।

थोड़ा ठहरो और पूछो,

ख़ुद से ख़ुद का हाल।

हैरत बड़ी होगी यह जानकर,

एक दोस्त तुम्हारे अंदर भी बसता है।

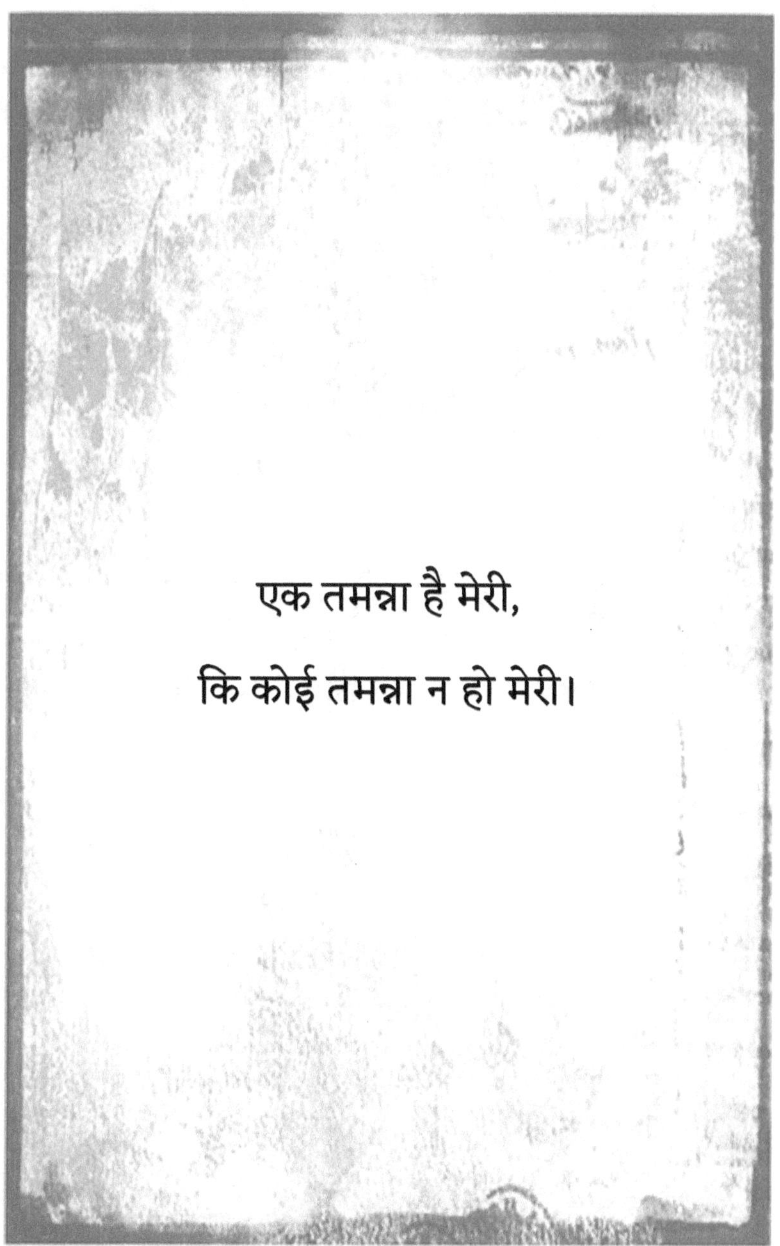
एक तमन्ना है मेरी,

कि कोई तमन्ना न हो मेरी।

दुनिया के लिए जो नाजायज़ था
उसके लिए तो वो ही जायज़ था।

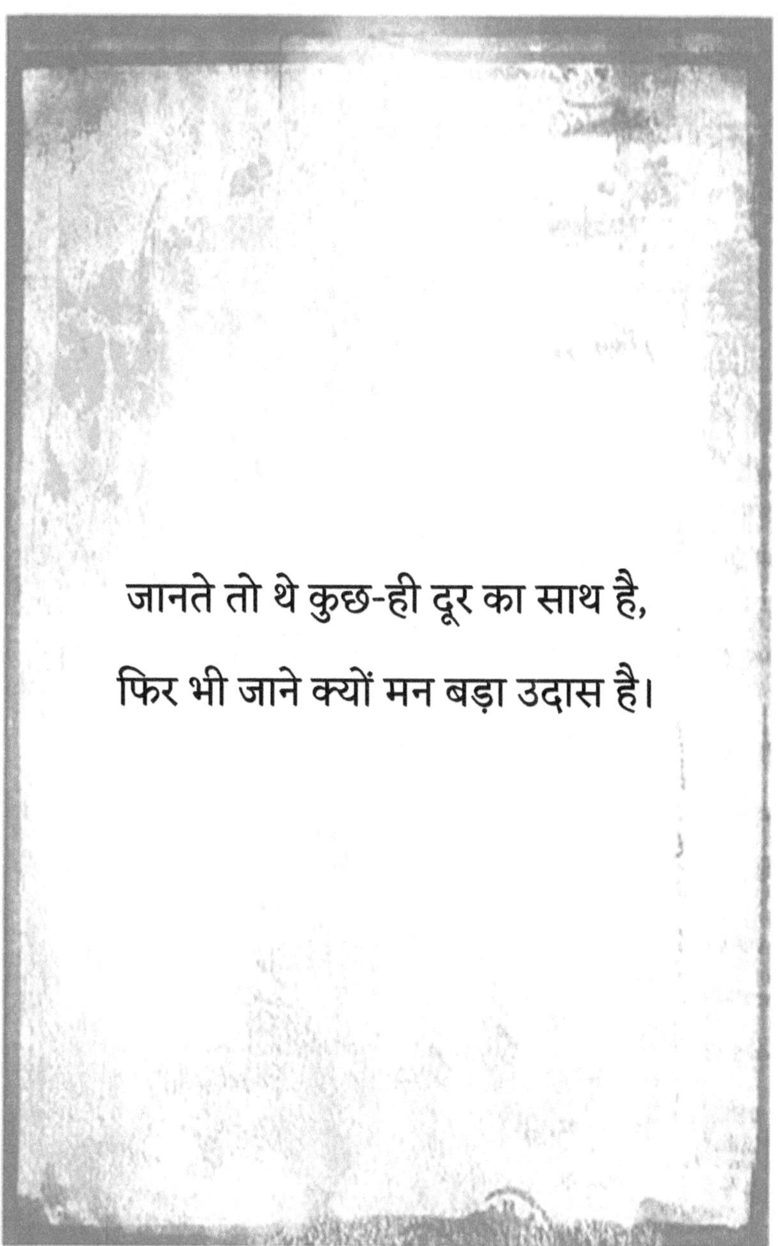

जानते तो थे कुछ-ही दूर का साथ है,

फिर भी जाने क्यों मन बड़ा उदास है।

कल ही की तो बात थी,

तुम्हारी बाइक की आवाज़

पूरा मोहल्ला जगाया करती थी।

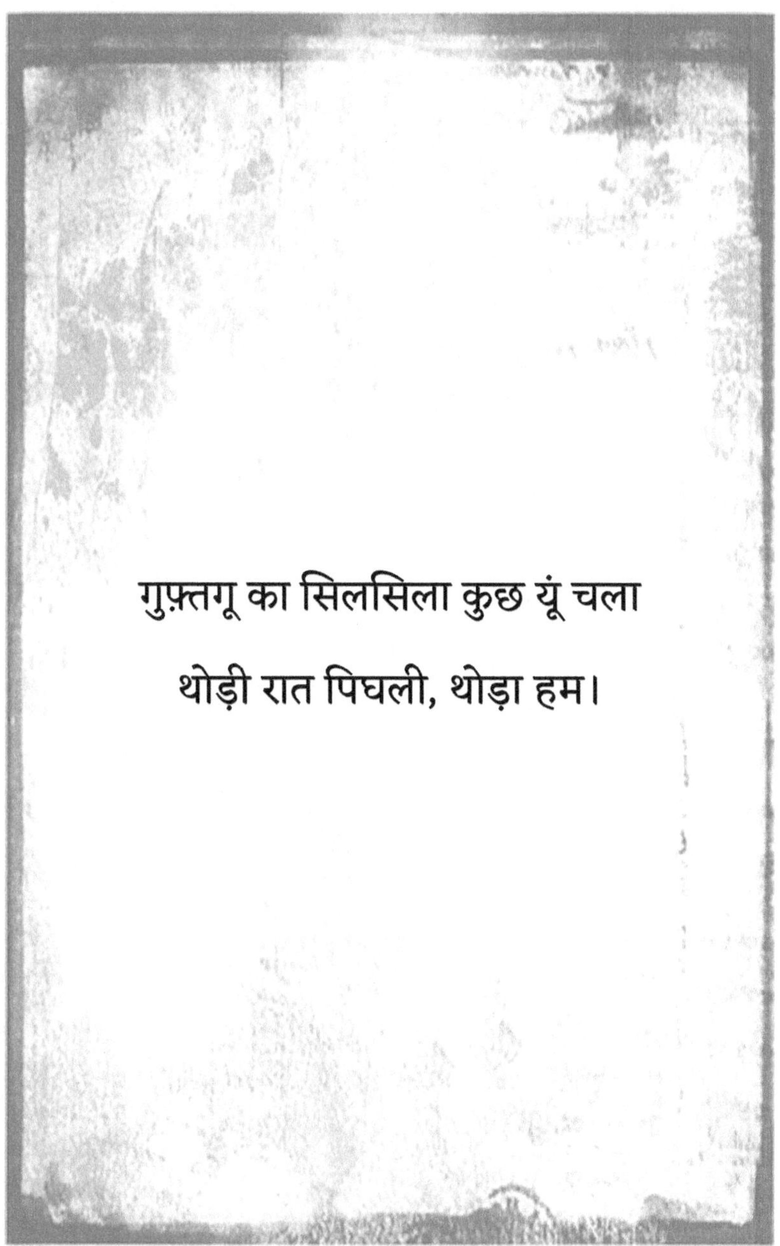

गुफ़्तगू का सिलसिला कुछ यूं चला

थोड़ी रात पिघली, थोड़ा हम।

उस उम्मीद को हवा दो

उस डर को मिटा दो

बस अपने दिल को

तुम इतना-सा समझा लो।

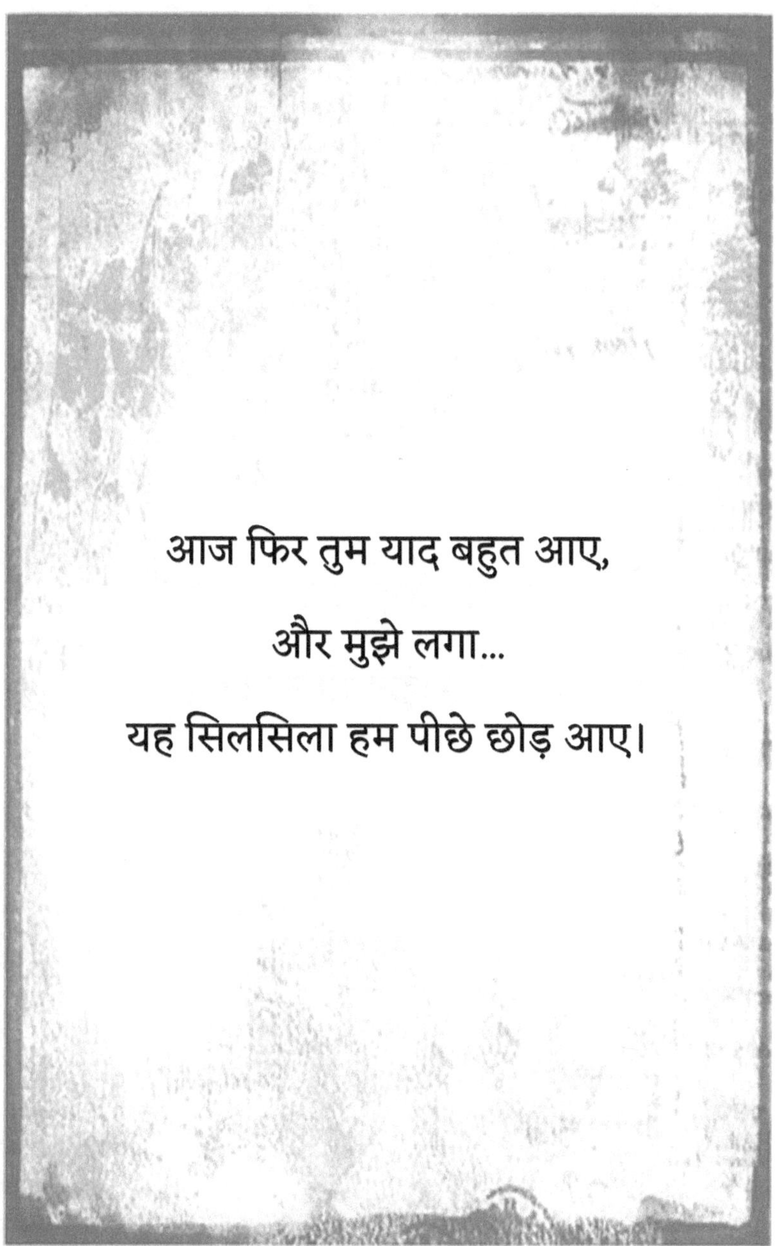

आज फिर तुम याद बहुत आए,
और मुझे लगा...
यह सिलसिला हम पीछे छोड़ आए।

आज बड़ी तन्हा रात आई है

साथ अपने सुकून भी न लाई है।

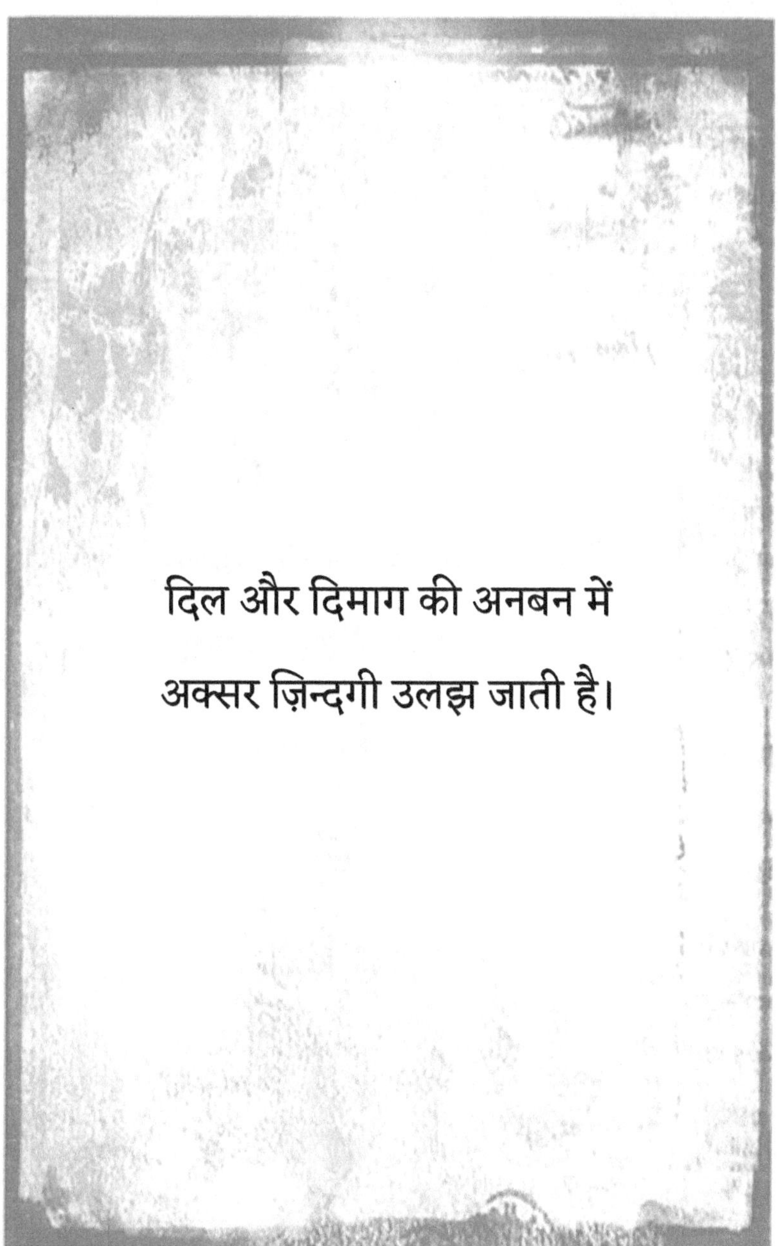

दिल और दिमाग की अनबन में
अक्सर ज़िन्दगी उलझ जाती है।

इश्क़ सबके बस का नहीं होता,

दिल टूटना और फिर लगाना,

आसान नहीं होता...

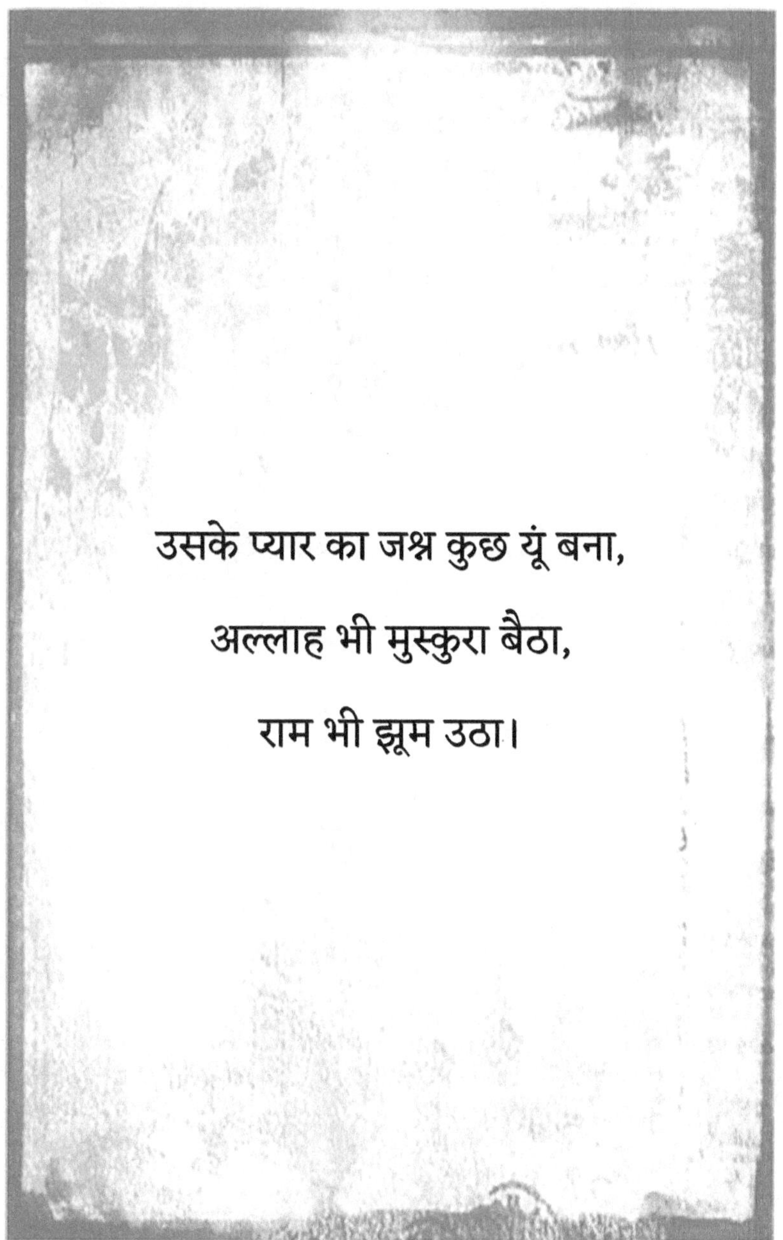

उसके प्यार का जश्न कुछ यूं बना,

अल्लाह भी मुस्कुरा बैठा,

राम भी झूम उठा।

यह क़िस्सा हमेशा याद रहेगा,

तुम हिस्सा थे कभी मेरा,

हमेशा याद रहेगा।

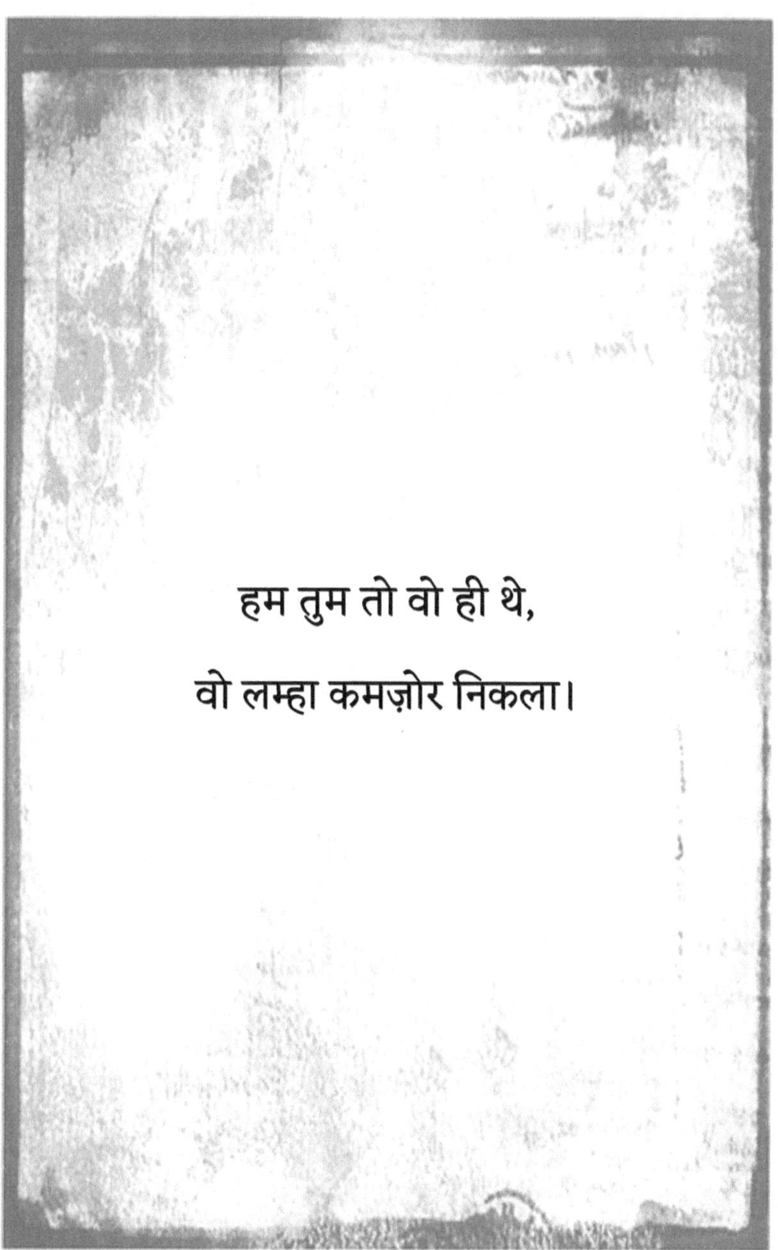

हम तुम तो वो ही थे,
वो लम्हा कमज़ोर निकला।

थोड़ा-थोड़ा कर-कर,

हम मीलों दूर चले जाते हैं,

कमाल है न,

हमें पता भी नहीं चलता।

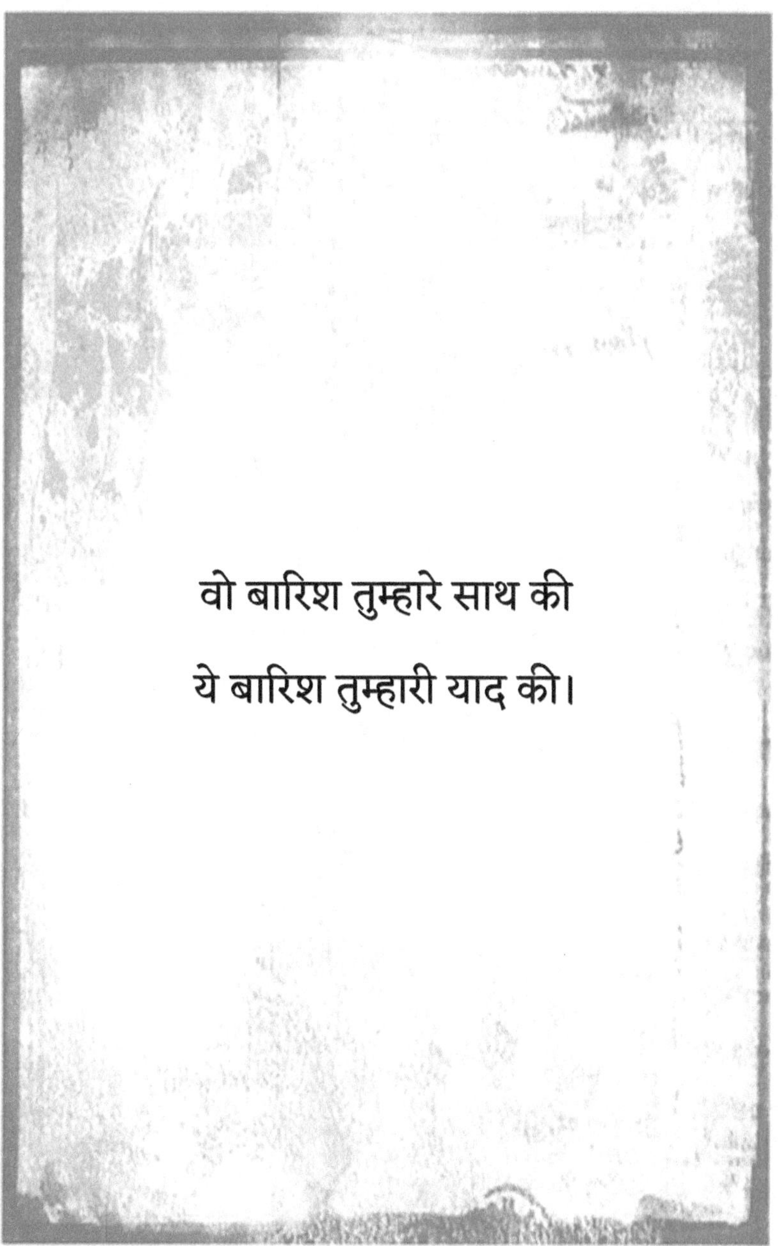
वो बारिश तुम्हारे साथ की
ये बारिश तुम्हारी याद की।

वो बिगड़ते रहे

और हम संभालते रहे...

बस यही रिश्ता था हमारा।

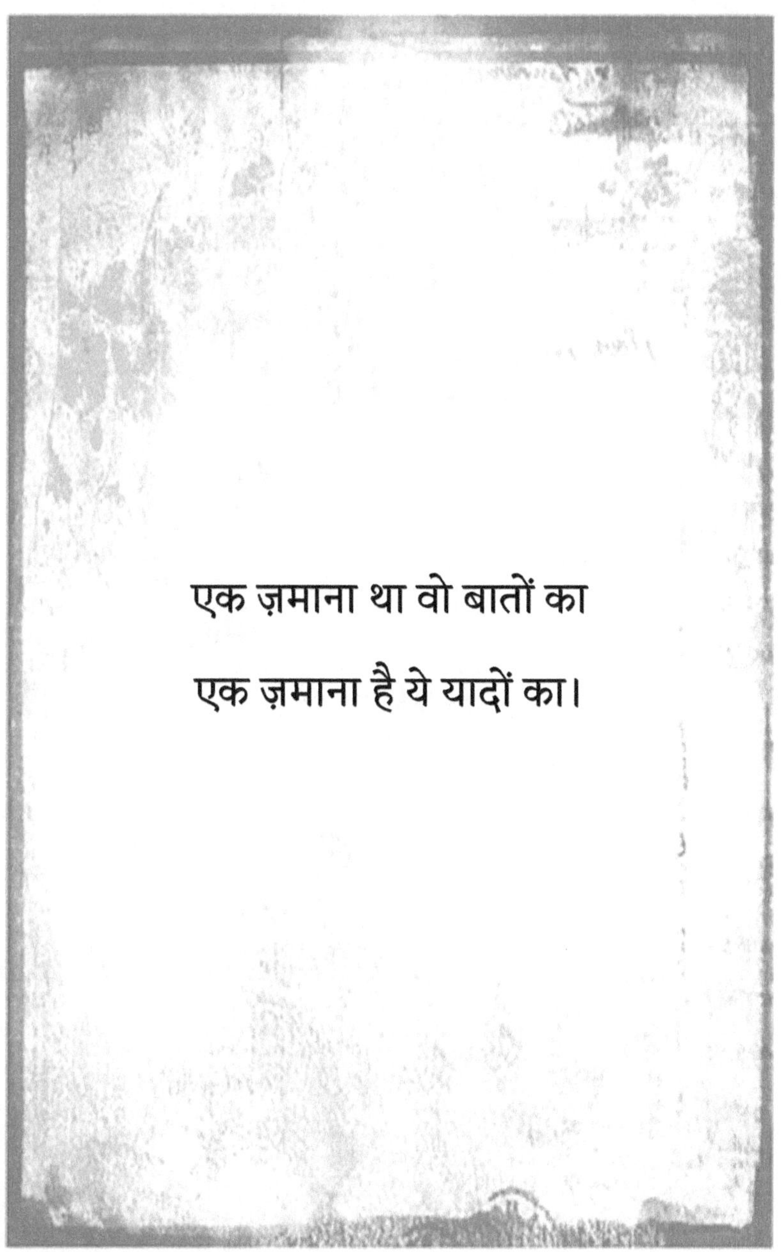

एक ज़माना था वो बातों का

एक ज़माना है ये यादों का।

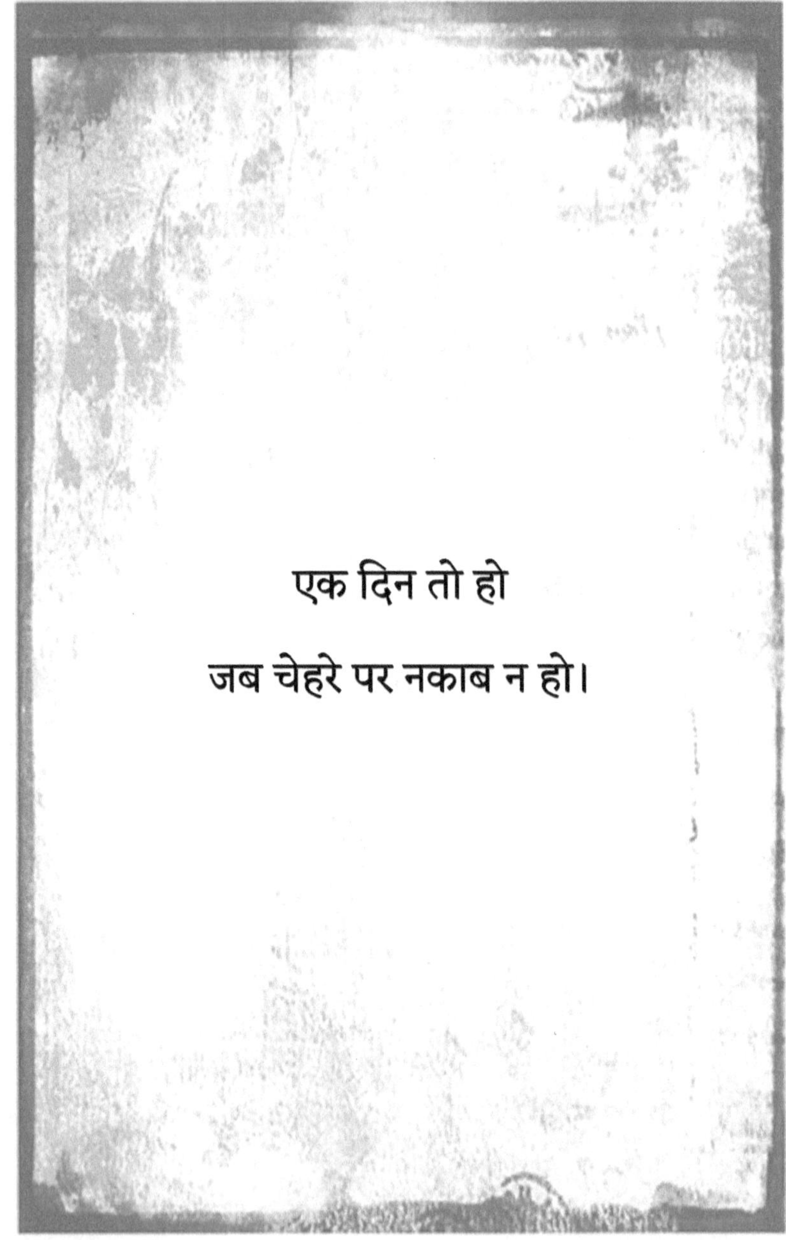

एक दिन तो हो
जब चेहरे पर नकाब न हो।

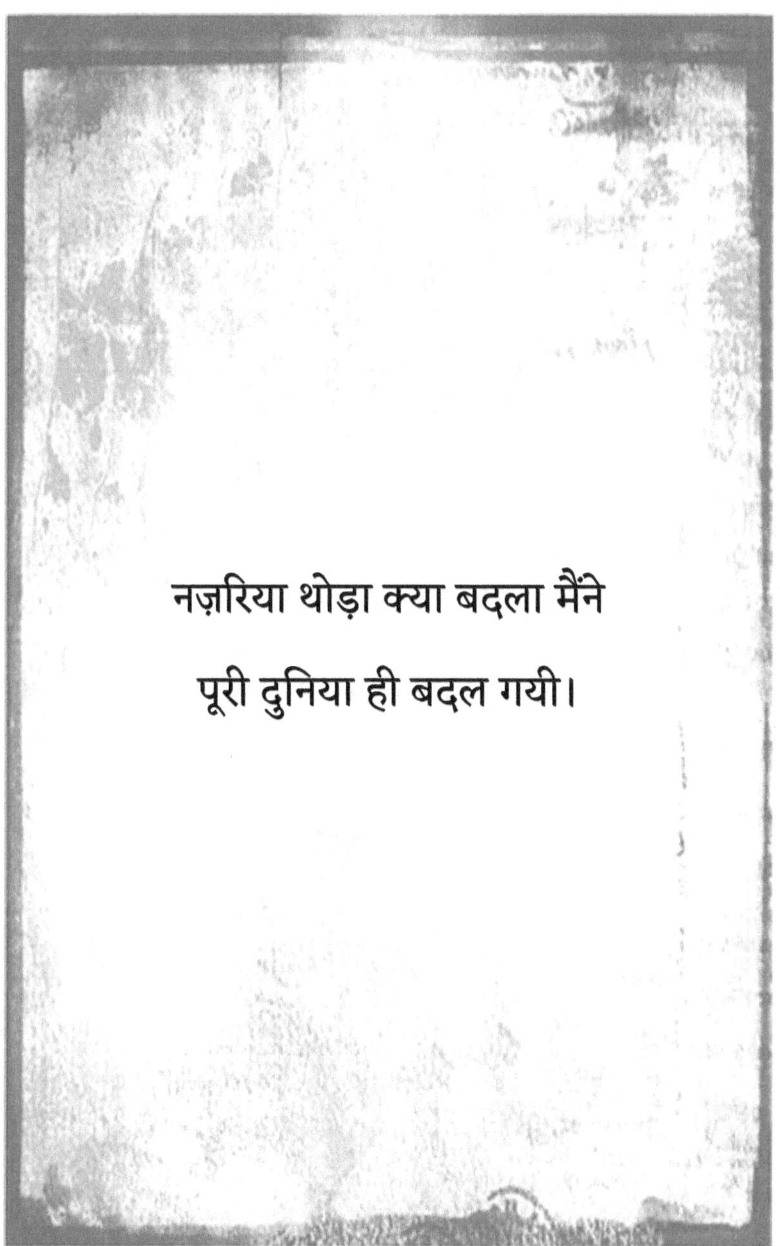
नज़रिया थोड़ा क्या बदला मैंने

पूरी दुनिया ही बदल गयी।

दिल कुछ बेवफ़ा-सा हो गया है

मुझसे ज़्यादा उसका हो गया है।

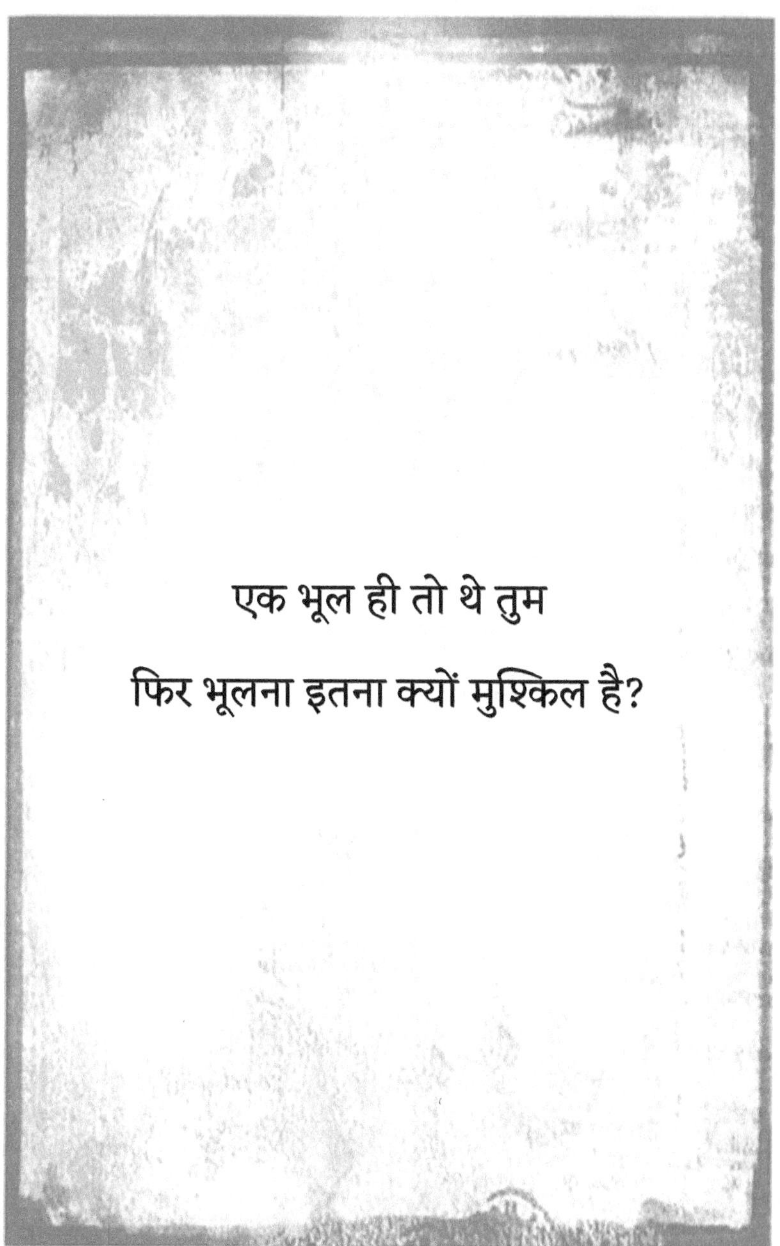

एक भूल ही तो थे तुम
फिर भूलना इतना क्यों मुश्किल है?

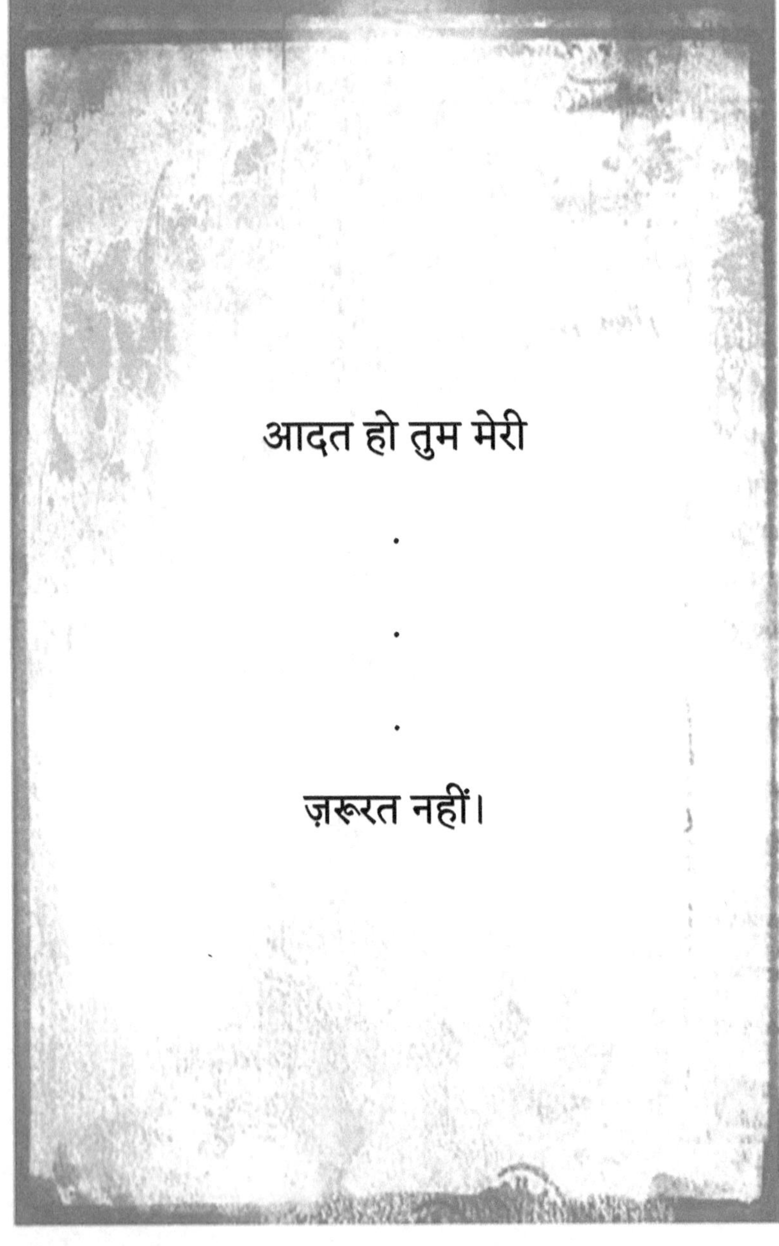

आदत हो तुम मेरी

.

.

.

ज़रूरत नहीं।

आज दूर खड़े वो मेरा हाल पूछ रहा है।

एक ज़माना था,

जब गुस्से में भी मेरा हाथ

पकड़ लेता था।

यह अजब तकरार है,

दिल और दिमाग के बीच

एक तुम्हारे पास जाने नहीं देता,

और एक तुमसे दूर रहने नहीं देता।

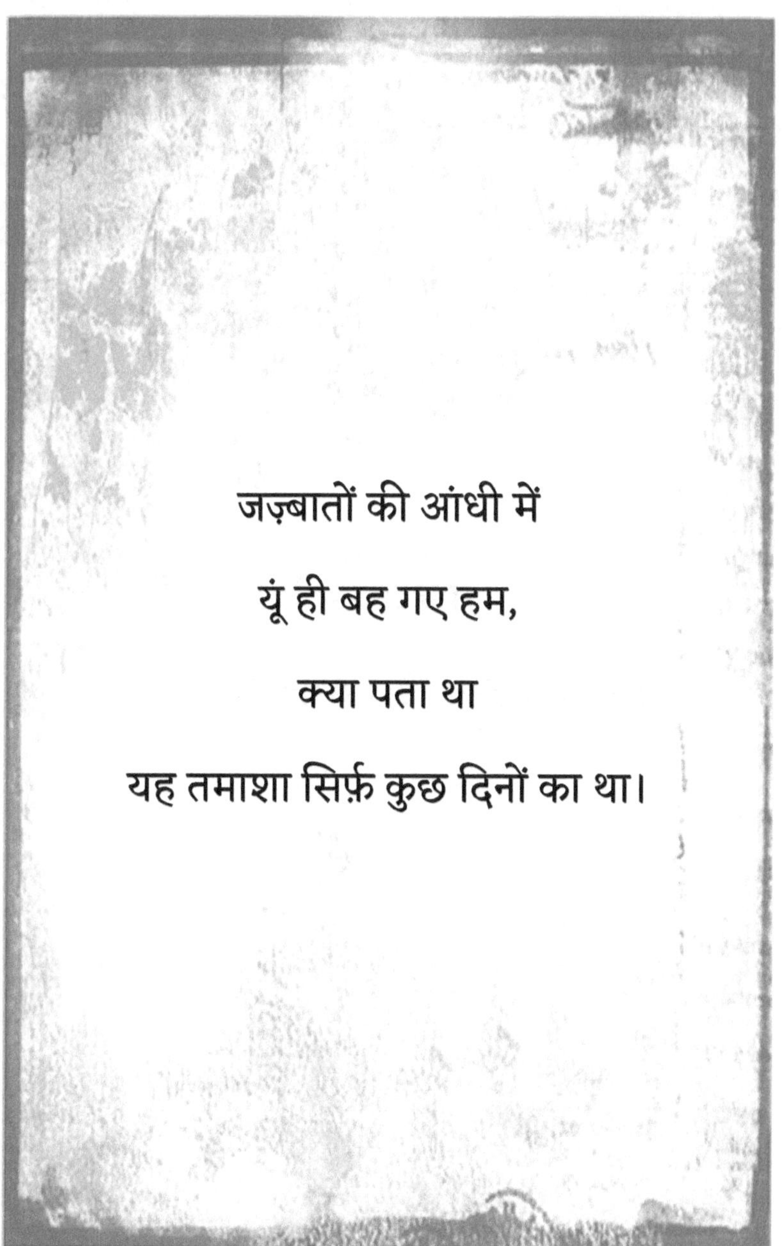

जज़्बातों की आंधी में
यूं ही बह गए हम,
क्या पता था
यह तमाशा सिर्फ़ कुछ दिनों का था।

मेरे शब्दों ने ज़रा करवट क्या ली

उसको हाल-ए-दिल समझ आ गया।

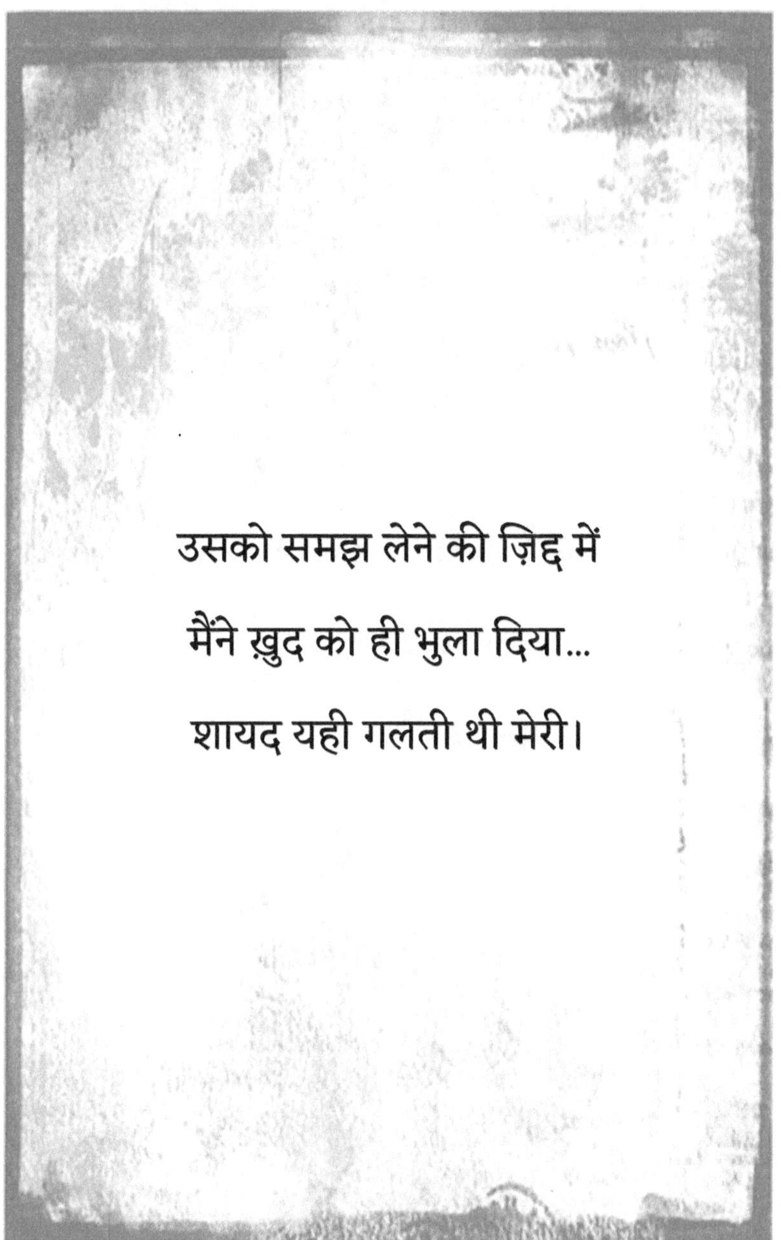

उसको समझ लेने की ज़िद् में

मैंने ख़ुद को ही भुला दिया...

शायद यही गलती थी मेरी।

सीधे रास्ते पर चलकर कैसे

उलझा जाता है...

कोई भला यह ज़िन्दगी से सीखे।

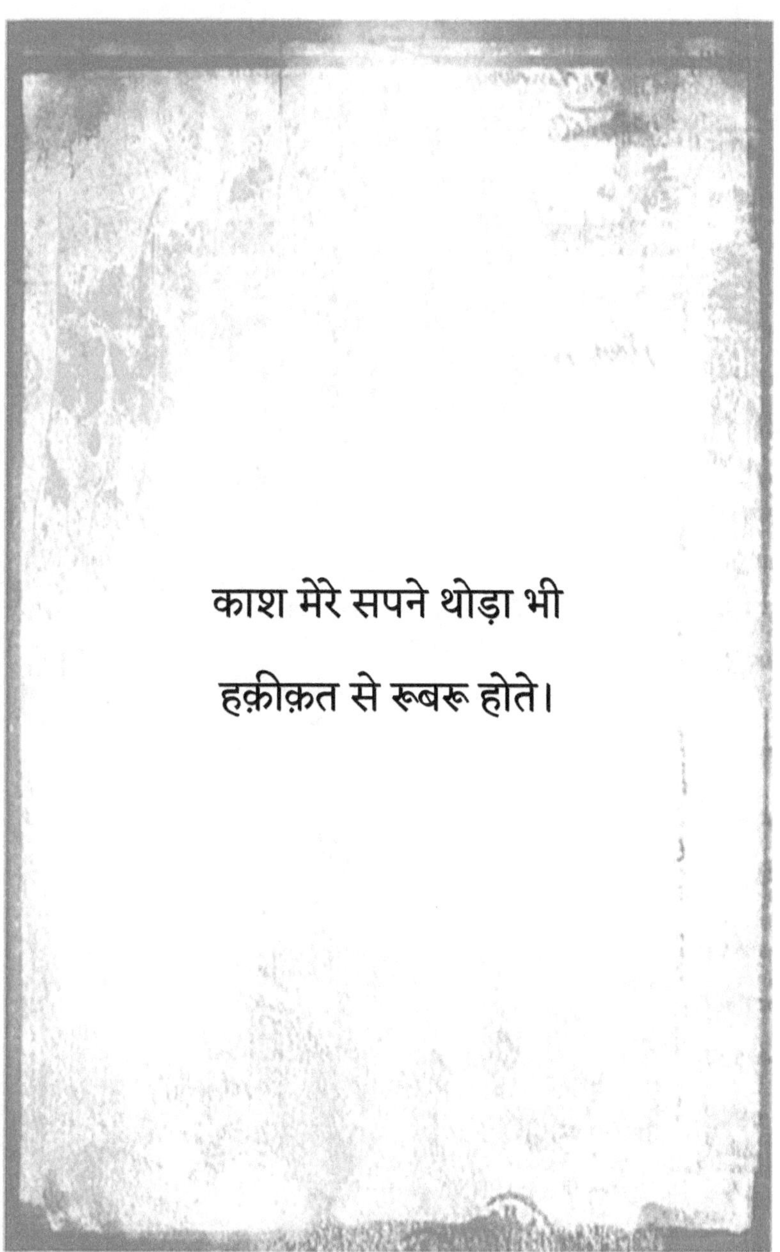
काश मेरे सपने थोड़ा भी
हक़ीक़त से रूबरू होते।

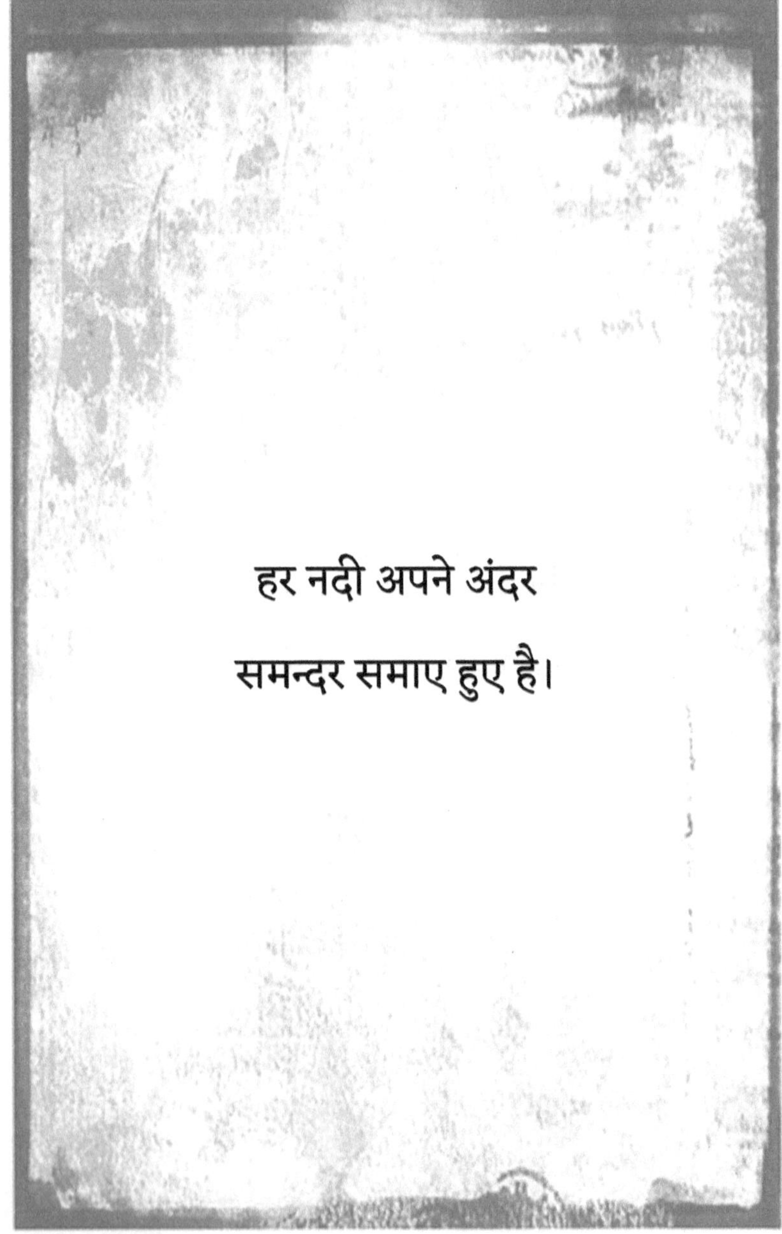
हर नदी अपने अंदर
समन्दर समाए हुए है।

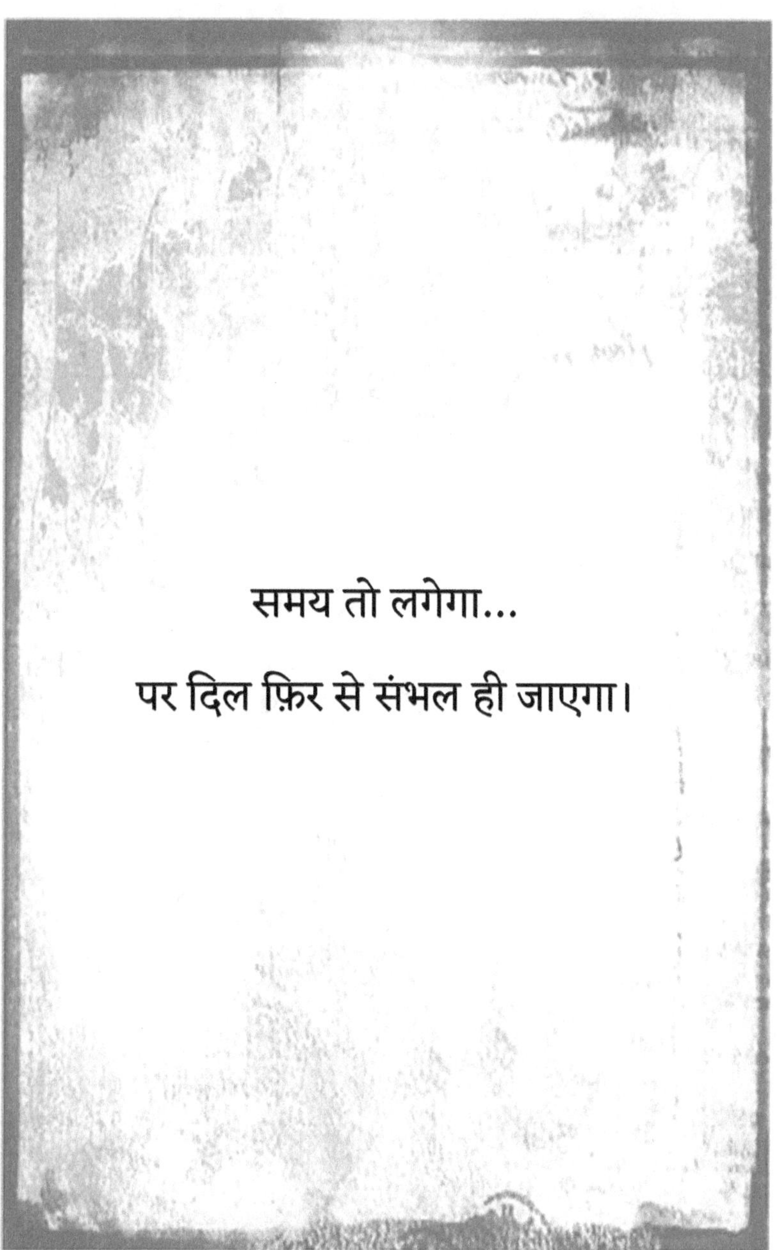

समय तो लगेगा...

पर दिल फ़िर से संभल ही जाएगा।

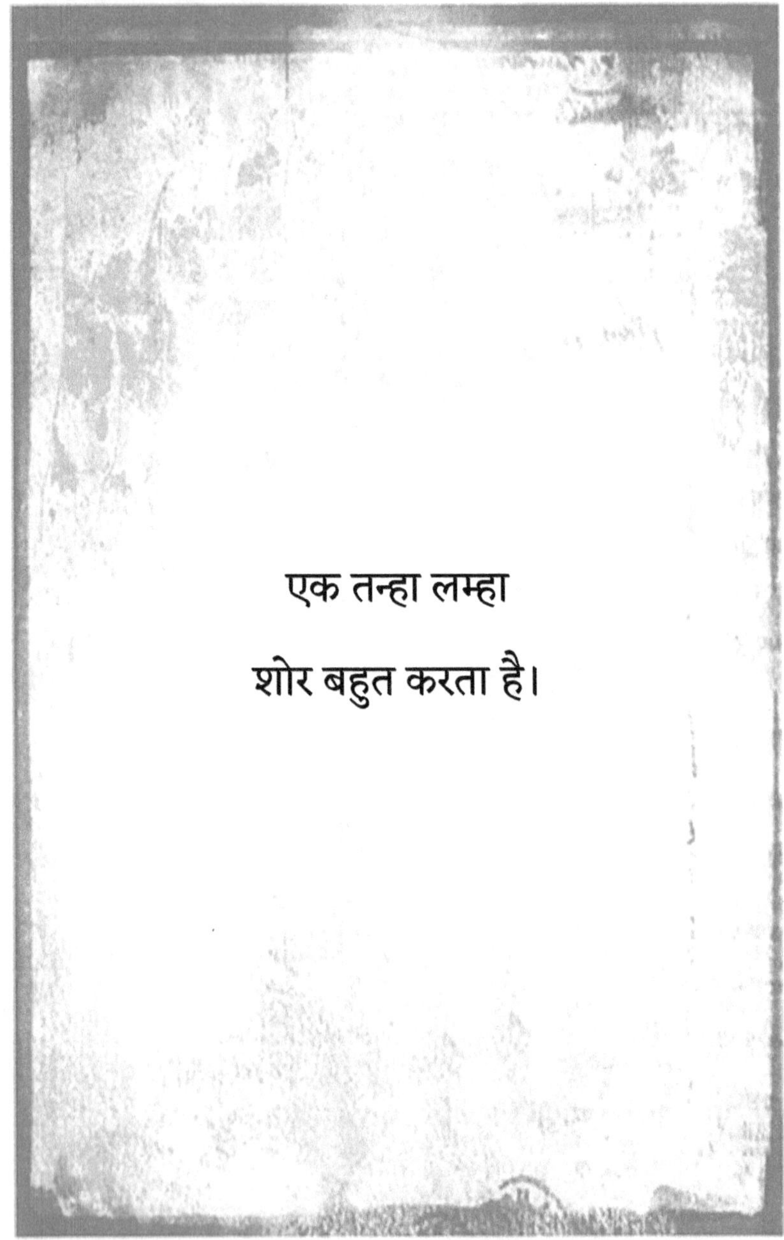
एक तन्हा लम्हा
शोर बहुत करता है।

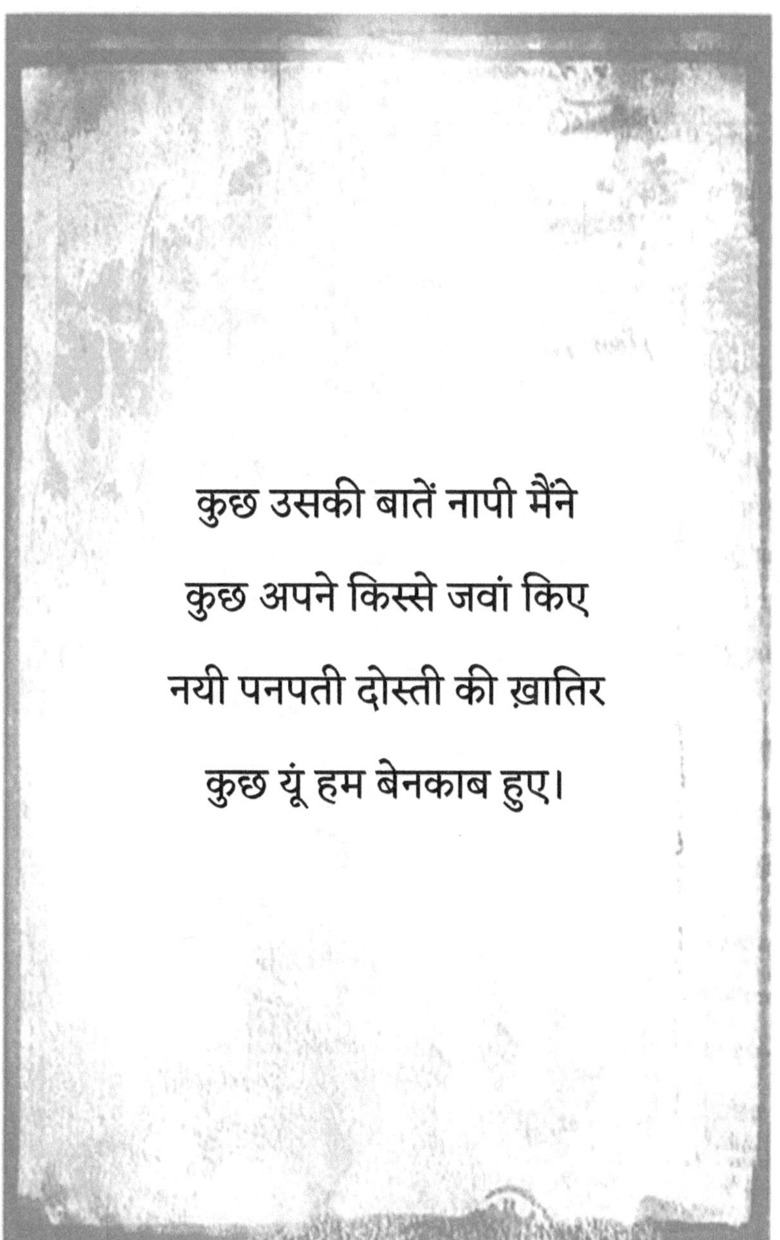

कुछ उसकी बातें नापी मैंने

कुछ अपने किस्से जवां किए

नयी पनपती दोस्ती की ख़ातिर

कुछ यूं हम बेनकाब हुए।

मेरी आवाज़ की खनक से,

दिल का हाल पढ़ लेता है।

और फ़िर भी लोग पूछते हैं

यह इश्क़ क्या होता है।

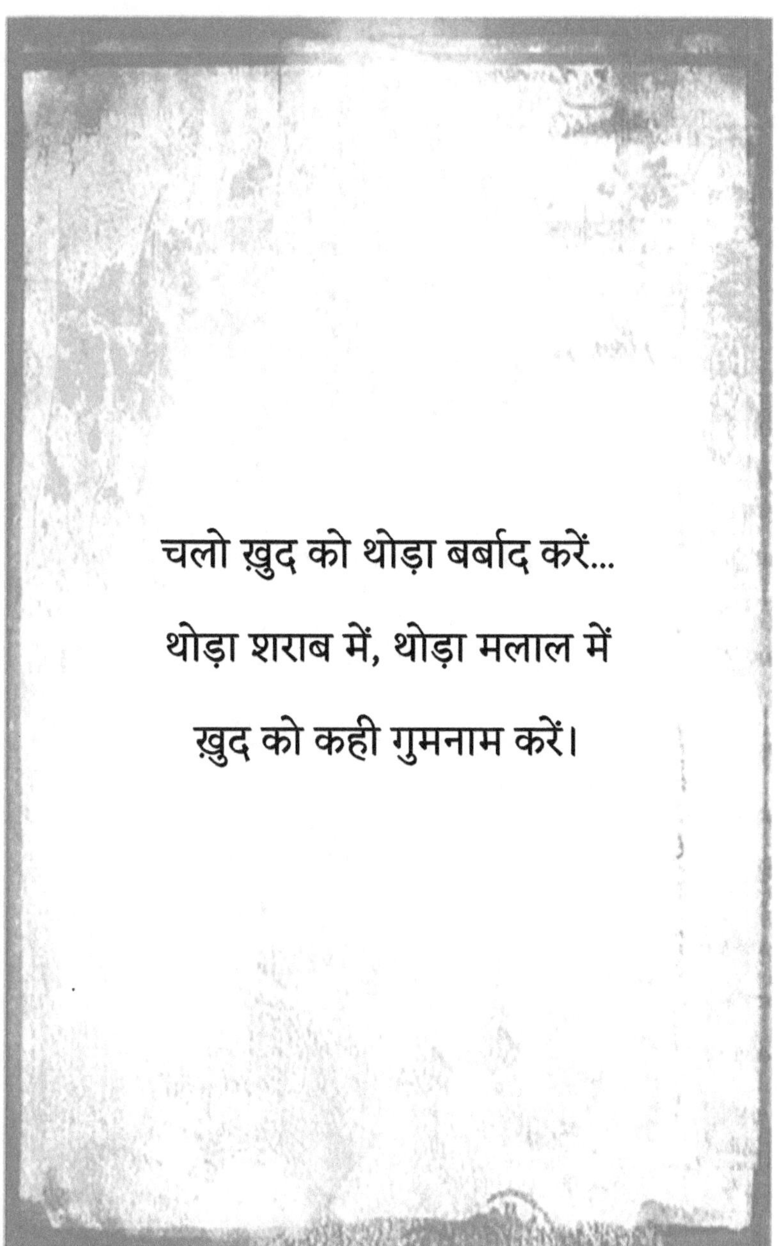

चलो ख़ुद को थोड़ा बर्बाद करें...

थोड़ा शराब में, थोड़ा मलाल में

ख़ुद को कही गुमनाम करें।

चन्द दिनों की मेहमान होती है,

उनकी गालियां भी

और उनकी तालियां भी।

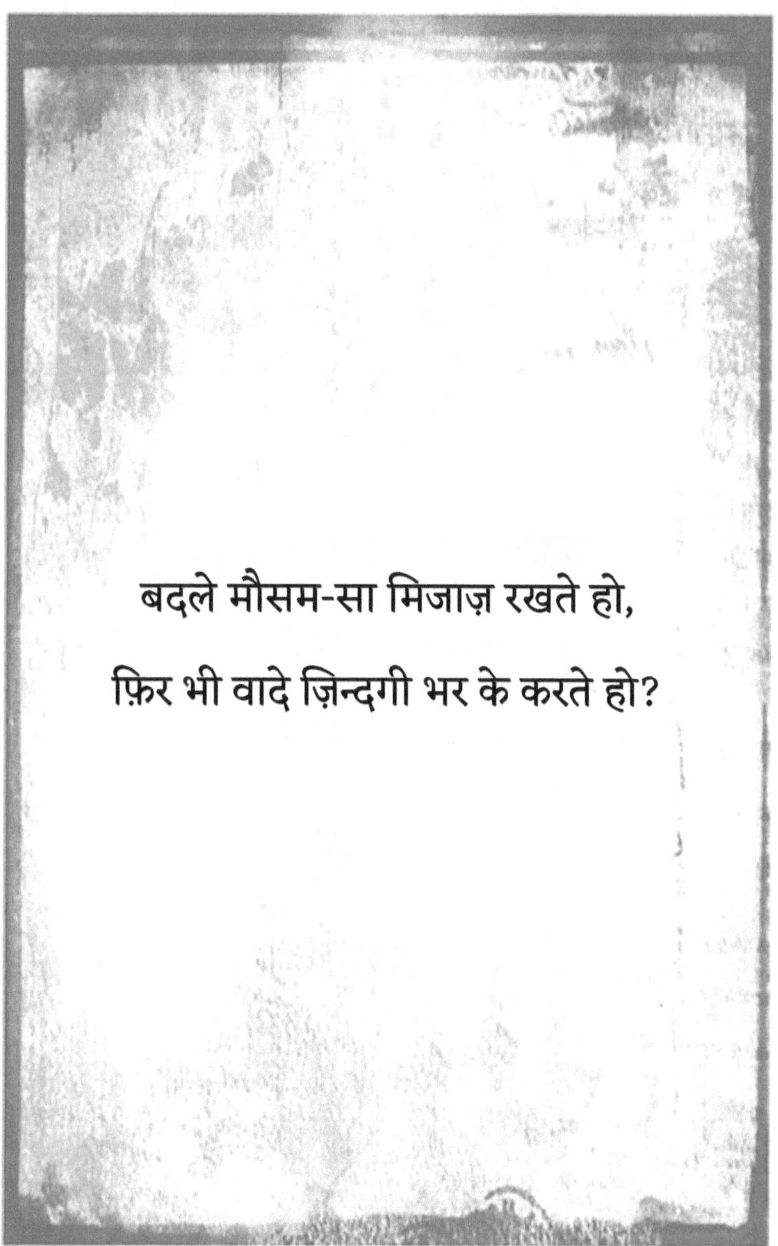

बदले मौसम-सा मिजाज़ रखते हो,

फ़िर भी वादे ज़िन्दगी भर के करते हो?

कहानी में इतना खो गए हम,

अंत भी होता है,

यही भूल गए हम।

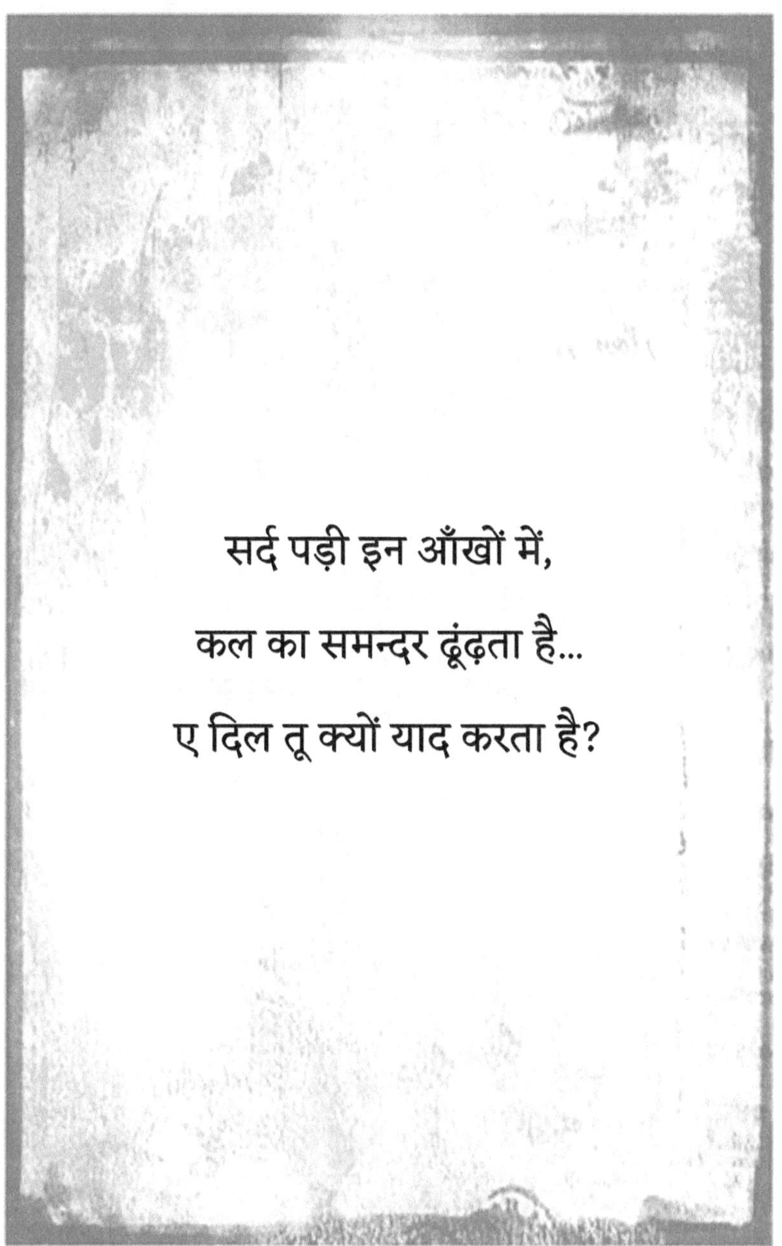

सर्द पड़ी इन आँखों में,

कल का समन्दर ढूंढ़ता है...

ए दिल तू क्यों याद करता है?

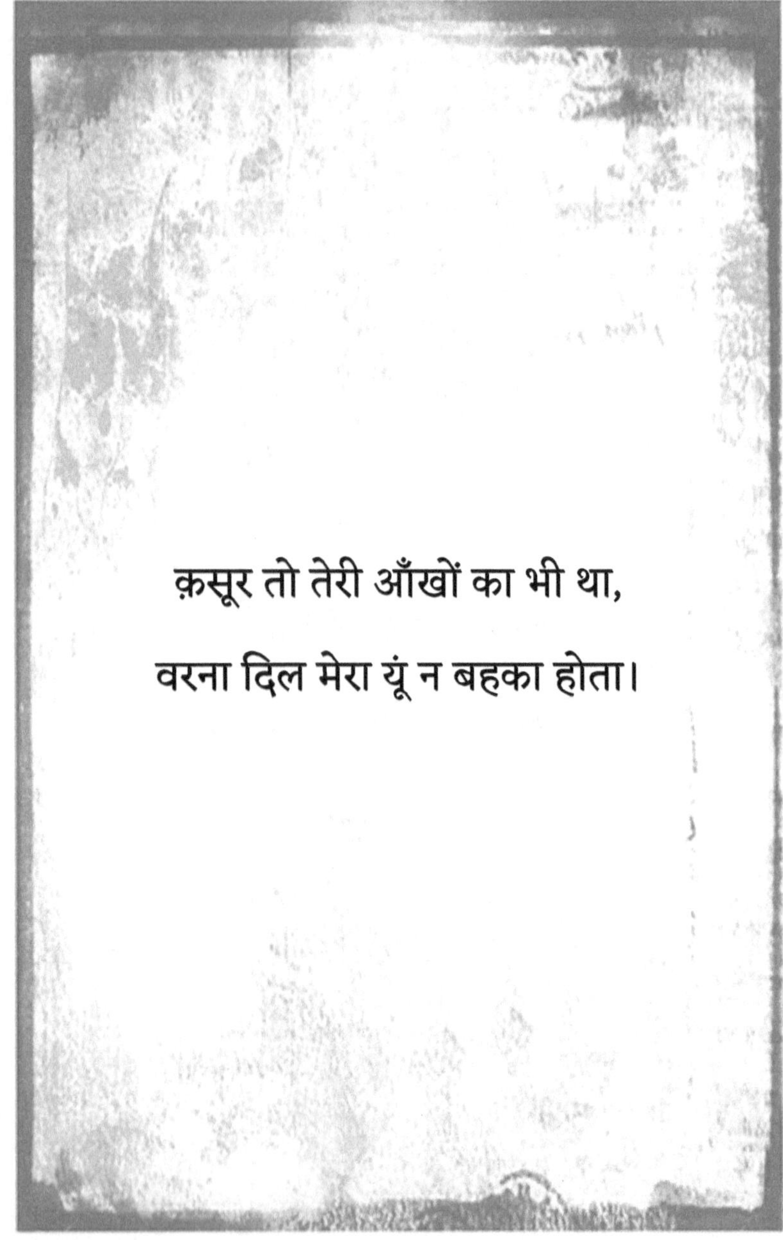
क़सूर तो तेरी आँखों का भी था,

वरना दिल मेरा यूं न बहका होता।

ए दिल

तू संभल जा।

इतनी नज़दीकियां न बढ़ा,

इतने ख़्वाब तू न सजा,

ए दिल तू थोड़ा संभल जा।

कल ही तो चोट लगी थी,

कल ही तो आँख भरी थी,

कल ही तो उदास वो रात कटी थी,

फिर क्यों चल पड़ा

तू उसी राह पर...

थोड़ा तो तू संभल जा

ए दिल तू संभल जा।

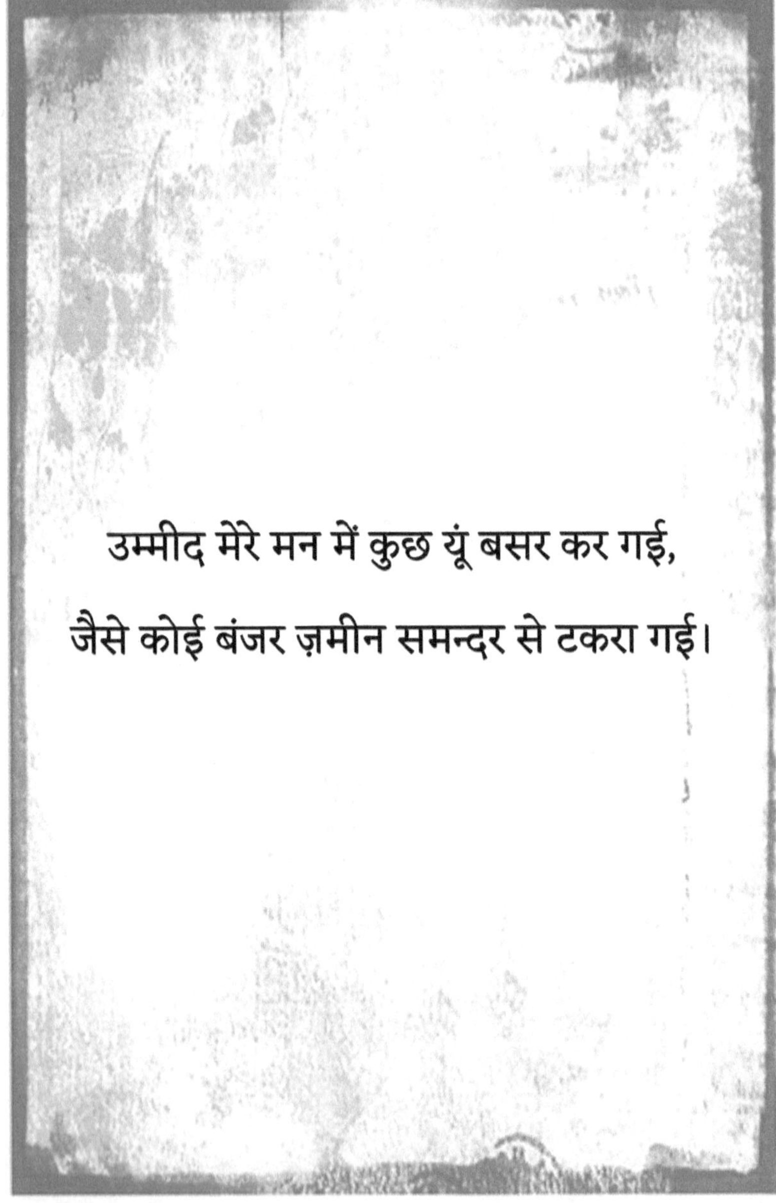

उम्मीद मेरे मन में कुछ यूं बसर कर गई,

जैसे कोई बंजर ज़मीन समन्दर से टकरा गई।